MARC AUGÉ

UN ALTRO MONDO
È POSSIBILE

Traduzione di Chiara Perona

codice
EDIZIONI

Marc Augé
Un altro mondo è possibile

Copertina: Asintoto
Immagine di copertina: Getty Images
Rielaborazione grafica: Asintoto

ISBN 978-88-7578-670-0

codiceedizioni.it
facebook.com/in.codice
twitter.com/codice_codice
instagram.com/codice_codice

Indice

Un altro mondo è possibile

Dall'utopia al possibile

Le utopie del diciannovesimo secolo si sono infrante contro la dura realtà della storia del ventesimo. La globalizzazione oggi è sia economica sia tecnologica, e abitiamo in un mondo fatto di immagini e messaggi istantanei che ci dà la sensazione di vivere in un presente continuo. Anche l'ultima utopia, quella della "fine della Storia" e della società liberale, è messa alla prova. Per pensare alle possibilità di futuro c'è un modello, il pensiero scientifico, che promuove l'ipotesi come metodo, e si basa su due principi: pensare in rapporto agli scopi e comprendere che l'uomo, nella sua tripla dimensione, individuale, culturale e generale, è la sola priorità.

È il grande paradosso della nostra epoca: non osiamo più immaginare l'avvenire proprio nel momento in cui il progresso scientifico ci ha permesso di conoscere l'infinitamente grande e l'infinitamente piccolo. La scienza avanza con una rapidità tale che oggi non saremmo in grado di descrivere quale sarà lo stato delle nostre conoscenze di qui a cinquant'anni, eppure su scala storica non si tratta che di un'infima particella di tempo.

Questo paradosso è tanto più sconvolgente se si considera che i progressi scientifici vanno di pari passo con invenzioni e innovazioni tecnologiche non prive di conseguenze sulla vita sociale delle persone. Le tecnologie nel campo della comunicazione in teoria permettono ad ogni individuo molteplici possibilità di relazione; i mezzi di trasporto consentono a ciascuno, sempre in teoria, di esplorare il mondo; infine, le reti di distribuzione dilatano a dismisura qualsiasi possibilità di consumo. Sotto un altro punto di vista, possiamo constatare che la collaborazione tra scienziati e ricercatori di tutto il mondo è sempre più necessaria per il progresso della scienza: condividono i propri risultati o lavorano direttamente insieme, come al CERN di Ginevra, che rappresenta un moderno modello di ciò che potrebbe essere l'utopia realizzata di una vita sociale internazionale votata alla conoscenza e alla ricerca di base.

Questo è il punto essenziale, a partire dal quale si possono sviluppare tutte le nostre aspettative ma anche tutti i nostri timori: lo stretto intreccio tra vita scientifica e vita sociale, tra storia della scienza e storia *tout court*, e tra progresso scientifico e sviluppo economico. Il ventesimo secolo ha segnato la morte delle utopie, delle «grandi narrazioni» del diciannovesimo, per riprendere l'espressione del filosofo Lyotard[1], che sono sfociate in mostruosità sociali e politiche. È stato anche il secolo delle sperimentazioni, talvolta omicide, della scienza, nel momento in cui le nuove invenzioni modificavano direttamente il corso della storia umana, come nel caso dei diversi armamenti derivati dalla ricerca sull'atomo.

Sappiamo che la scienza oggi richiede finanziamenti e che non può progredire se non in paesi ricchi, che la distinzione tra ricerca pura e ricerca applicata è relativa, dal momento che la prima necessita degli strumenti tecnologici elaborati dalla seconda: si può dire che mai come oggi storia delle scienze e storia politica siano state così interdipendenti. La crisi che stiamo attraversando sul piano economico e finanziario – evento relativamente recente del quale bisogna imparare a misurare le conseguenze – ha forse cause ancora più profonde che dipendono dalla correlazione tra le due storie.

L'utopia liberale a cui pensava Fukuyama, e a cui aveva dato il nome di «fine della Storia»[2], ha già lasciato il posto a un'oligarchia, che domina un pianeta le cui disuguaglianze interne non smettono di aumentare. La domanda posta da Derrida

---

1 Jean-François Lyotard, *La condizione postmoderna. Rapporto sul sapere*, Feltrinelli, Milano 2002 (ed. or. *La Condition postmoderne. Rapport sur le savoir*, 1979).

2 Francis Fukuyama, *La fine della Storia e l'ultimo uomo*, Rizzoli, Milano 1992 (ed. or. *The End of History and the Last Man*, 1992).

a Fukuyama – la fine della Storia, intesa come l'accordo intellettuale generalizzato sulla forma ottimale di governo degli uomini, è una realtà osservabile o una proiezione di tipo utopistico?[3] – ha trovato risposta. Siamo al centro di un'utopia che comincia a sgretolarsi nel momento stesso in cui prova a realizzarsi: quella dell'alleanza feconda e definitiva tra democrazia rappresentativa e mercato liberista su scala planetaria. Regimi che non hanno niente di democratico si adattano molto bene al libero mercato; la logica della speculazione finanziaria prevale su quella della produzione e della prosperità sociale. Nell'ambito delle conoscenze come in quello delle risorse economiche non smette di ampliarsi il divario tra i più fortunati e i più poveri, anche nei paesi emergenti. Ci stiamo dirigendo verso un pianeta a tre classi sociali: i potenti, i consumatori e gli esclusi.

I potenti di questo mondo e di quello che verrà non formano un corpo omogeneo: fanno parte della sfera economica, di quella politica o di quella scientifica, ma insieme costituiscono, obiettivamente, l'ambito all'interno del quale si delinea il futuro del sistema in atto. I consumatori sono il motore di questo sistema: il consumo è fondamentale per il suo funzionamento. L'intero apparato di pubblicità diretta o indiretta li invita a farlo in ogni maniera possibile: l'idea di

3 Jacques Derrida, *Spettri di Marx*, Cortina, Milano 1994 (ed. or. *Spectres de Marx*, 1993).

innovazione teorizzata da Schumpeter sostituisce l'avvenire. L'innovazione tecnologica, oggi, rappresenta a grandi tratti l'idea di un pianeta interconnesso in cui le reti sociali si presentano come punti di contatto, di scambio, di cultura e di informazione. Le reti stesse sono l'ambiente e l'oggetto privilegiato del consumo, poiché la tecnologia che le rende ogni giorno più performanti si materializza sul mercato sotto forma di prodotti sempre più innovativi che non smettono di diffondere e riprodurre la propria immagine.

Trova spazio l'idea che tali prodotti siano un fattore di sviluppo delle conoscenze, e la virtuosità di alcuni nel loro utilizzo può in effetti venire a conforto di questa posizione pericolosamente illusoria, dal momento che confonde il fine con i mezzi, il messaggio con i *media*, la trasmissione con l'acquisizione, la conoscenza con l'identificazione.

Gli esclusi, infine, sono tali in termini sia di prosperità economica sia di accesso alla conoscenza. Le realtà della globalizzazione sono dunque assai lontane dagli ideali della planetarizzazione, di una *società Terra* i cui liberi cittadini, uguali per legge e di fatto, condividono lo spazio nel comune interesse. Il mercato si estende al globo intero, ma i lavoratori sottopagati si trovano da una parte e i consumatori, più o meno fortunati, dall'altra.

Indipendentemente dalle disuguaglianze – rafforzate dalla priorità data alla tecnologia e dai cambiamenti che essa comporta in termini di consumo –, il sistema diffonde l'immagine di un mondo in cui tutto è ubiquo e istantaneo, occultando le reali condizioni della nostra esistenza e sovvertendo i fondamenti simbolici su cui poggia l'intera vita sociale. L'illusione di sapere e la perdita di attrazione da parte dei simboli sono conseguenza dello stesso processo tecnologico che contribuisce alle nuove conquiste della ricerca di base. Qualunque tentativo di pensare il futuro deve innanzitutto eliminare questa difficoltà. La portata del fenomeno sarà osservabile contrapponendo il locale al globale e, per esempio, le disuguaglianze sociali che prevalgono nelle grandi metropoli urbane all'immagine di armoniosa fluidità con cui le dipingono i mezzi di comunicazione, o i tempi morti della vita sociale ed economica all'istantaneità della comunicazione. La vita sociale reale ha bisogno del tempo e dello spazio, che sono la materia prima delle relazioni stabilite, pensate e rappresentate tra l'uno e l'altro, tra l'uno e gli altri e tra gli uni e gli altri.

Le seguenti tre scale di osservazione non possono essere confuse se non a costo di una illusoria metaforizzazione del reale.

Per lungo tempo gli esseri umani hanno popolato l'universo con i loro sogni, i loro miti e i loro dei, dando nomi agli astri o alle costellazioni per poterli sentire più vicini. Oggi prendiamo atto del carattere ambizioso e al contempo marginale di questa impresa. A livello di universo conosciuto (miliardi di sistemi solari nella nostra galassia e miliardi di galassie nel nostro universo), in cui le dimensioni del tempo e dello spazio si confondono e ci sfuggono, la nostra immaginazione si esaurisce rapidamente, incapace di afferrare l'inconcepibile. Dobbiamo coltivare il nostro orto, diceva Voltaire[4], ossia restare nella misura della storia umana.

Su scala planetaria, ci troviamo in una posizione intermedia. Anche se cominciamo a intravedere la possibilità di annettere la "periferia" più vicina (la Luna, Marte), per il nostro modo di vedere la scienza avanza troppo lentamente verso le frontiere dell'ignoto e dell'infinito. Per questo motivo ci stiamo abituando progressivamente al passaggio alla scala planetaria, a cui corrisponde la globalizzazione tecnologica e mediatica. Il *pantheon* greco ha abbandonato il cielo, ma le "stelle" dei varietà o della politica invadono i nostri schermi. Non proiettiamo più gli dei nel cielo, ma i nuovi idoli internazionali si proiettano nella nostra intimità, e contribuiscono a persuaderci del fatto che, anche per ognuno di noi, le dimensioni spaziali e temporali si siano trasformate radicalmente – il che in parte è vero, e in parte illusorio.

L'illusione scompare su scala locale, anche se la moltiplicazione e la miniaturizzazione delle

---

4 Voltaire, *Candido o l'Ottimismo*, Feltrinelli, Milano 1991, p. 125 (ed. or. *Candide ou l'optimisme*, 1759).

tecnologie tendono a farla insinuare fin nell'intimo dei nostri corpi. Viviamo ancora, ciascuno a suo modo, nella concretezza del tempo e dello spazio: lo dimostrano, per esempio, i dibattiti sull'età del pensionamento o sulla natura dei contratti di lavoro (a tempo determinato o indeterminato), così come sugli ingorghi del traffico.

Ciò che ci inquieta, in fondo, è che non sappiamo più dove stiamo andando. Le utopie del diciannovesimo secolo descrivevano il mondo a cui aspiravano. Le grandi religioni sono state, e in alcuni casi sono ancora, animate da un proselitismo che trova la propria origine in un mito fondatore. Da questo punto di vista, il passato fornisce di caso in caso un modello, un punto di riferimento e una modalità di azione. Il mondo che oggi si richiude su ciascuno di noi è il mondo della tecnologia, che si è sviluppato più velocemente di quanto non abbiano fatto le società. Ci affanniamo per adottare i congegni che esso ci impone, e nel complesso abbiamo la sensazione di essere assorbiti da un avvenire a cui non avevamo pensato e che ci dà le vertigini, piuttosto che di essere determinati dal nostro passato. C'è qualcosa dell'apprendista stregone nelle attuali tecnologie della comunicazione. Questo aspetto, combinato alle crescenti disuguaglianze economiche e agli sconvolgimenti di massa che queste implicano, spiega perché, sotto alcuni aspetti, l'avvenire ci fa paura. Se non siamo più noi ad ambire al futuro, è perché è il futuro, piuttosto, che ambisce a noi.

Come reinserirci in quella che per certi aspetti sembra una fuga in avanti? Credo che potremmo tentare di trovare un principio di risposta solo partendo da concetti semplici e chiari. A rischio di dare sembianze dogmatiche a ciò che non pretende di essere altro che una dichiarazione di ambiziosa modestia, riassumerò tale risposta in tre punti: uno relativo al *metodo*, uno all'*oggetto* e uno al *principio*.

Il punto riguardante il *metodo* è, in realtà, qualcosa di più: si tratta di far assurgere il metodo scientifico a principio generale di azione sulla società. Si parla talvolta di "scientismo" per condannare le forme eccessive di garanzia e certezza. Tuttavia la scienza non ha niente a che vedere con lo scientismo. La ricerca scientifica passa attraverso l'ipotesi, che non può essere validata se non previa verifica: non parte da una verità preconcetta, ma si sforza di far arretrare progressivamente, seppur di poco, le frontiere dell'ignoto. Il fatto che nell'effettiva routine della pratica scientifica questa possa divenire oggetto di quelle critiche intestabili a qualunque pratica sociale che implichi rapporti di potere o di proprietà è tutta un'altra faccenda. Ciò che resta è che la scienza è l'unico settore dell'attività umana in cui si può parlare di progresso cumulativo senza timore di sbagliare. È esattamente la pratica dell'ipotesi che ha permesso l'avanzamento della conoscenza, nella misura in cui costituisce una scommessa sull'avvenire sempre rivedibile. Se l'esperimento non le verifica, si ritorna alle ipotesi.

Nei paesi comunisti, che pretendevano di essere guidati dal materialismo "scientifico", l'accusa di revisionismo era considerata molto grave e poteva comportare conseguenze spiacevoli per quanti ne erano oggetto. Al contrario, l'idea che il modello scientifico debba ispirare la politica umana passa attraverso la promozione dell'ipotesi, della verifica e dell'eventuale revisione.

A questo proposito è legittimo chiedersi se la conoscenza non sia l'obiettivo ultimo dell'esistenza umana, se essa non ne sia l'*oggetto* stesso e, più in generale, se la questione degli obiettivi non debba essere dominante in tutti i dibattiti politici, economici e sociali. Se si è identificato il peccato originale nella conoscenza, nel desiderio di conoscere, questa convergenza con il mito pagano di Prometeo configura invece un ideale per l'umanità. L'ideale della conoscenza come fine ultimo della condizione umana si situa certamente al di là dei limiti spaziali e temporali di ogni vita individuale, ma suggerisce che la vera uguaglianza tra le persone passi attraverso l'accesso alla conoscenza, attraverso l'istruzione. Designando la conoscenza come obiettivo e fine ultimo dell'umanità, si fa riferimento semplicemente all'uguale dignità di tutti gli individui. Si tratta di rispondere alla domanda fondamentale: per cosa viviamo?, nel senso di "in vista di cosa?".

D'altra parte, l'obiettivo della conoscenza non è in contraddizione con quello, espressamente formulato dall'Illuminismo, della felicità. Questa condizione non può essere definita per ognuno se non come la simultanea coscienza di sé e degli altri. L'amore individuale è una forma esacerbata e più o meno duratura di tale coscienza, di cui si trova un'espressione più collettiva nel termine *fratellanza*, che la Repubblica francese ha aggiunto alle due prime parole che costituiscono il suo motto: *libertà* e *uguaglianza*. Nessun individuo può pretendere di raggiungere una felicità totale, tanto meno una conoscenza totale. Tuttavia la nozione di sacro, secondo Durkheim, passa attraverso la presa di coscienza retrospettiva e in forma vivace dei momenti eccezionali in cui la coscienza degli altri si era fatta più vivida:

> Verrà un giorno in cui le nostre società conosceranno ancora momenti di effervescenza creativa da cui sorgeranno nuovi ideali, da cui scaturiranno nuove formule che serviranno, per un certo tempo, da guida all'umanità; e una volta vissute queste ore, gli uomini proveranno spontaneamente il bisogno di riviverle ogni tanto nel pensiero, cioè di conservarne il ricordo per mezzo di feste che ne ravvivino regolarmente i frutti.[5]

[5] Émile Durkheim, *Le forme elementari della vita religiosa. Il sistema totemico in Australia*, Meltemi, Roma 2005, p. 491 (ed. or. *Les Formes élémentaires de la vie religieuse : le système totémique en Australie*, 1912).

La definizione durkheimiana di una sorta di sacralità laica ci tornerà utile dal momento che presuppone la tripla dimensione dell'uomo: individuale, culturale e generale. Ognuna di esse può trovare il proprio compimento solo nel rispetto delle altre due. L'avventura umana si svolge singolarmente in ogni coscienza individuale. Tuttavia il necessario riferimento al prossimo, senza il quale non si può costruire alcuna identità individuale, è in larga parte determinato dall'apparato simbolico delle società e delle culture particolari; queste possono essere talmente costrittive da togliere qualunque significato alla nozione di libertà individuale (ed è ad esse che bisogna imputare la storica disuguaglianza tra uomini e donne). La piena coscienza individuale non si realizza, invece, che attraverso quella dell'appartenenza al genere umano, indipendentemente dalle origini e dal sesso.

La tripla dimensione dell'essere umano costituisce dunque il *principio* da cui partire per poter formulare il suo stesso fine, l'effettiva universalità, e per definire l'incerto luogo della sua messa in atto: le società nella loro diversità.

Dunque l'obbligatoria constatazione di un indebolimento, se non della scomparsa, dei progetti politici del ventesimo secolo non ci porterà a trarre solo conseguenze negative poiché, in fin dei conti, questa assenza di rappresentazioni costruite dell'avvenire ci dà forse una reale possibilità di concepire dei cambiamenti, in forza dell'esperienza storica concreta e della pratica e della ricerca fondamentale.

Forse stiamo imparando a cambiare il mondo prima di immaginarlo, a guardare verso l'avvenire senza proiettarvi le nostre illusioni. Elaborare delle ipotesi per testare la loro validità, spostare progressivamente e prudentemente le frontiere dell'ignoto: ecco ciò che ci insegna la scienza, ciò che dovrebbe promuovere ogni programma educativo e a cui dovrebbe ispirarsi qualunque riflessione politica. Si delinea così la sola utopia valida per i secoli a venire, le cui fondamenta andrebbero urgentemente costruite o rinforzate: l'utopia dell'istruzione per tutti, la cui realizzazione appare l'unica possibile via per frenare, se non invertire, il corso dell'utopia nera che oggi sembra in via di realizzazione: quella di una società mondiale ineguale, per la maggior parte ignorante, illetterata o analfabeta, condannata al consumo o all'esclusione, esposta ad ogni forma di proselitismo violento, di regressione ideologica e, alla fin fine, a rischio di suicidio planetario.

Progresso e cultura

L'ambizione al progresso è al centro dell'azione umana, e uno degli aspetti che l'hanno caratterizzata è stata la graduale scoperta del pianeta, così come l'esplorazione dell'infinitamente grande e dell'infinitamente piccolo. L'unico ambito in cui la nozione di progresso sia effettivamente incontestabile è quello della conoscenza scientifica della natura. Tuttavia l'ambizione della conoscenza ha risentito fin dall'inizio di ciò che potremmo definire il peccato originale di qualunque sistema di relazioni sociali: la volontà di potere. Non sono mai esistite società veramente ugualitarie, dal momento che la disuguaglianza primigenia è quella che ovunque marca fin dall'origine le relazioni tra i sessi. La volontà di potere, l'impossibilità di concepire relazioni che non siano relazioni di forza per una parte, ha minato in questo modo l'atteggiamento di curiosità che stava alla base delle grandi esplorazioni che sono state il punto di forza dell'Occidente e che l'impresa coloniale – espressione di potere per antonomasia – ha in parte corrotto.

Se oggi invertiamo il punto di vista per guardare in retrospettiva la nostra storia, possiamo verificare gli effetti perversi dell'equazione tra relazioni sociali e relazioni di potere. Al punto in cui ci troviamo oggi rispetto alla linea evolutiva delle risorse e delle conoscenze, dobbiamo constatare che non hanno smesso di accentuarsi le disuguaglianze tra i più ricchi dei ricchi e i più poveri dei poveri, sia in termini materiali sia in termini di cultura.

C'è dunque un enorme scarto intellettuale tra il linguaggio universalista che ci sforziamo di usare quando parliamo della conquista dello spazio o di qualche altro aspetto dell'avventura scientifica dell'umanità ("L'uomo ha camminato sulla Luna", "L'uomo è penetrato nei segreti della materia"), e la reale situazione degli esseri umani, la maggioranza dei quali – completamente estranea a un movimento di cui non subisce che, eventualmente, i contraccolpi – non può sentirsi pienamente coinvolta da un'avventura di cui ignora completamente premesse e conseguenze.

Gli imperativi morali di cui invochiamo la necessità con una convinzione relativa e incostante non sono che la traduzione approssimativa delle complessità della coscienza riflessiva che definisce ciascuno di noi a livello individuale. Da questo punto di vista, abbiamo l'obbligo di tenere presenti le tensioni e le contraddizioni che gravano sulla tripla dimensione dell'essere umano (individuale, culturale e generale). La dimensione culturale implica che ogni identità individuale si costruisca attraverso una relazione di alterità: è evidente ed essenziale in tutti i processi educativi e di apprendimento. Tale relazione viene messa in atto fin dalla nascita attraverso l'imposizione di codici e norme che differiscono da una cultura all'altra, ma che sono ovunque obbligatori. Spesso la storia è stata il confronto e la messa alla prova di universi culturali a volte molto distanti tra loro. Il "contatto culturale" di cui ha parlato l'antropologia ha spesso assunto la forma concreta di uno choc e di uno scontro; quanto alla dimensione generale dell'essere umano, essa è stata al contempo riconosciuta (si faceva guerra contro altri uomini) e negata (si inventavano parole o epiteti per coloro che si affrontavano, per contestare la loro stessa appartenenza al genere umano). Da questo punto di vista, il linguaggio degli illuministi nel diciottesimo secolo europeo, sebbene l'Europa sia stata spesso ben lontana dagli ideali che esso delineava, ha segnato una radicale rivoluzione.

La dimensione generale dell'essere umano si ricongiunge con la sua dimensione individuale e trascende quella culturale. L'idea che quella umana sia effettivamente un'avventura, collettiva e condivisa, è legata a tale concezione generale dell'uomo: è valida a livello di storia umana nel suo insieme (che idealmente sarà la storia del progressivo dominio dell'uomo sulla natura), ma viene rimessa in gioco in ogni singola vita individuale; nessun individuo sarà pienamente umano se non sarà in grado – nel suo posto e nel suo tempo – di esservi coscientemente connesso. Il che implica che egli ne abbia i mezzi sia materiali sia intellettuali: se il fine dell'uomo generale è la conoscenza progressiva di sé, i singoli individui (senza distinzione di sesso o di provenienza) hanno tutti diritto alla ripartizione quotidiana dei nutrimenti materiali e intellettuali. Non è una questione di morale, ma di definizione.

Tuttavia una cosa è questo ideale, altra cosa la storia contemporanea in corso di realizzazione. Sta a ciascuno di noi valutare se la storia in atto, con le sue convulsioni e le sue contraddizioni, ma anche i suoi lampi di coscienza e il progredire della conoscenza scientifica, ci stia avvicinando o meno a questo ideale. La dimensione tecnologica è oggi una componente essenziale della scienza e del progresso delle conoscenze, ma ha degli effetti perversi poiché ci spinge a confondere universale e globale. L'evoluzione tecnologica attuale costituisce una vera e propria rivoluzione, ma, nella logica del consumo prevalente sul pianeta, rischia da una parte di produrre nuove disuguaglianze, dall'altra di portare al cortocircuito degli elementi simbolici della relazione tra individui, ossia lo spazio e il tempo, in tutte le culture del mondo. L'istantaneità e l'ubiquità, nuovi ideali della comunicazione trasmessi attraverso la televisione e internet, disegnano un mondo fittizio dal quale molti sono esclusi e in cui coloro che lo compongono e animano sono sottoposti a nuove forme di solitudine: la comunicazione non è la relazione, e il progresso tecnologico minaccia così di viziare doppiamente le evoluzioni sociali che sarebbero ad esso associate.

Quando nelle vie delle grandi città europee vediamo moltiplicarsi lo spettacolo di persone che dormono per terra e che umilmente chiedono ai passanti qualche moneta per mangiare, proviamo un'intima sensazione di imbarazzo e ribellione; come esseri umani ci sentiamo umiliati di fronte a questi individui esclusi da qualunque forma di consumo, materiale e alimentare, così come tecnologico e intellettuale. Possono farsi strada anche altri tipi di reazioni, soprattutto di violenza o di disprezzo nei confronti di coloro che non sono più considerati come degli uomini; tuttavia questi atteggiamenti di rifiuto sono sintomo della medesima vergogna: come reggere l'immagine penosa di coloro che so bene, in fondo, essere uomini come me? D'altronde, al di là dell'immoralità, c'è un sentimento di paura inconfessata che si mescola a tutte queste reazioni: potrei io stesso, un giorno, trovarmi nella loro stessa condizione?

Lo scandalo della profonda disuguaglianza nell'accesso ai beni materiali e alla conoscenza è, al di là di qualunque considerazione morale, uno scandalo esistenziale ed essenziale: chiama in causa, in ciascuno degli individui che ne sono vittime o testimoni, la porzione di umanità generale senza il riconoscimento della quale non c'è altro che solitudine o dittatura di culture chiuse in se stesse per il solo beneficio di pochi. Rifiutare l'umanità ad alcuni vuol dire ucciderla in tutti: è questo il rischio che il progresso obiettivo del sapere dovrà combattere, di fronte tanto alle follie omicide degli uni quanto alla miopia egoista degli altri.

Cambiamento di scala

Oggi viviamo un cambiamento di scala senza precedenti, che corrisponde a quella che potremmo definire fine della preistoria dell'umanità come società planetaria. Sono già esistite delle *mondializzazioni* nella storia, ma per la prima volta usiamo questo termine intendendo il pianeta nella sua interezza. Dal punto di vista sociale e politico, siamo solo alle prime fasi di questa mondializzazione/planetarizzazione: tra i popoli come tra gli individui ci sono profonde disuguaglianze, eppure la globalizzazione economica e tecnologica è effettivamente una realtà.

La conquista dello spazio, che per il momento si limita ancora all'esplorazione della prima periferia del pianeta Terra (la Luna e Marte), almeno per quanto riguarda i progetti di insediamento umano, ha come primo risultato di farci prendere coscienza di questo cambiamento di scala. Si potrebbe pensare, a buon diritto, che a tale presa di coscienza corrisponderà in futuro una maggiore consapevolezza della dimensione generale dell'essere umano. Quando Armstrong ha posato il piede sulla Luna, abbiamo pensato: "L'uomo ha camminato sulla Luna" e non "Un americano ha camminato sulla Luna".

La prima rivelazione legata a questo cambiamento di scala è stata la scoperta del pianeta Terra come paesaggio. Le fotografie scattate dai satelliti ci hanno gradualmente resi coscienti della strana natura della nostra posizione di osservatori-osservati. Ambivalenza affascinante quanto basta a risvegliare la curiosità dei più fortunati e dei più coraggiosi tra i turisti del futuro, che hanno già prenotato i loro posti per farsi lanciare a centinaia di chilometri di quota e scoprire, oltre alle gioie dell'assenza di gravità, lo spettacolo impressionante della vista del pianeta Terra.

Nel frattempo ci siamo abituati alla vista del terreno lunare e, in attesa di arrivare su Marte, abbiamo moltissime foto della sua superficie. In altri termini, non viviamo più in un'epoca in cui descrizioni estrose possono dare libero sfogo alla nostra immaginazione: questa è vincolata da ciò che intravediamo di reale. Qui sta il paradosso: prendiamo coscienza, certo in maniera ancora molto approssimativa, del carattere relativamente limitato del sistema solare (ci sono miliardi di sistemi solari solo nella nostra galassia) e, in tal modo, più aumentano le nostre conoscenze, più l'immaginazione viene superata dalla realtà.

Le antiche cosmologie avevano cercato di inserire nello spazio celeste più visibile le figure emblematiche della società divina: Marte, Giove, Nettuno… Dare un nome alle cose, sulla Terra, significa appropriarsene, e in effetti la proiezione delle grandi figure della mitologia umana era una maniera di colonizzare lo spazio per mezzo dell'immaginazione. La stessa Via Lattea, la galassia di cui facciamo parte, è stata presentata come uno zampillo del latte materno di Era fuoriuscito mentre strappava Ercole infante dal suo seno.

Tale modalità di appropriazione simbolica è legata a una concezione fortemente antropocentrica dell'universo e anche a culture che rivendicano, più o meno esplicitamente, il monopolio dell'umanità. Il luogo assoluto, centro dell'universo e del pianeta, è quello che emerge dalle cosmogonie che si trovano nelle rappresentazioni greche, egizie, africane, amerindie e altre ancora: è il luogo "antropologico" che definisce anche i legami sociali del gruppo attraverso strette regole di filiazione e permanenza. Possiamo dunque immaginare quali sconvolgimenti stia tuttora comportando il cambiamento di scala che viviamo, e che corrisponde a un completo rovesciamento di prospettiva: l'ideologia del luogo, come fonte di senso e di relazione, è sminuita dal decentramento che le verità della macro-fisica ci impongono. Non sono certo, a dire il vero, che la distinzione da me già proposta tra luogo e nonluogo[1] sia effettivamente pertinente per analizzare questo nuovo dato, e vorrei tornare un istante sulle inflessioni che intendo dargli oggi.

All'inizio, ricordo, si trattava di una distinzione classicamente etnologica tra gli spazi sui quali si possono leggere i grandi tratti dell'organizzazione sociale di un gruppo umano (a partire, soprattutto, dalle sue regole di permanenza più o meno esplicite), o misurare il suo grado di coesione (a partire dai simboli collettivi visibili, per esempio religiosi) e gli spazi sui quali una tale lettura non è possibile. In tale ottica lo spazio si definiva come l'espressione geografica e intelligibile del legame sociale, compreso nella sua dimensione storica. Il nonluogo, nella dicotomia, non era il deserto in rapporto allo straripante: era l'assenza di relazioni sociali simbolizzate, stabilite e leggibili all'interno di uno spazio dato. Il nonluogo si riferiva piuttosto agli spazi di circolazione, consumo e comunicazione caratteristici della surmodernità, intesa essa stessa come un'accelerazione dei processi in atto con la comparsa della modernità: individualizzazione dei riferimenti, sovrabbondanza evenemenziale e sovrabbondanza spaziale. In questo senso, gli aeroporti, i supermercati e le immagini trasmesse dalla televisione o attraverso internet erano, in prima analisi, definibili come nonluoghi.

---

1 Marc Augé, *Nonluoghi. Introduzione a una antropologia della surmodernità*, Elèuthera, Milano 2009 (ed. or. *Non-lieux. Introduction à une anthropologie de la surmodernité*, 1992).

Senza riprendere le discussioni che tale distinzione può suscitare (non esistono luoghi e nonluoghi in senso assoluto; la differenza tra le relazioni sociali simbolizzate e la comunicazione che si stabilisce all'interno di quelle che vengono definite "reti sociali" è radicale), vorrei insistere in questa sede sul cambiamento di scala che ormai caratterizza le attività umane. Ci troviamo oggi nel vivo del processo di immaginazione, se non addirittura di concepimento, di quella che potrebbe essere una società umana planetaria. Forse non stiamo vivendo quella che Fukuyama, in una visione ottimistica, ha chiamato «fine della Storia» – intendendo così la convivenza armoniosa e definitiva del libero mercato e della democrazia rappresentativa – bensì quella che prima ho chiamato fine della preistoria della società umana come società planetaria.

Un simbolo di questo cambiamento di scala si può trovare nei progetti di turismo spaziale, che non propongono più una vista "imprendibile" sul mare o sulla montagna, ma sul pianeta Terra stesso. Come detto prima, alcuni fortunati turisti hanno prenotato il proprio posto per poter contemplare il nostro pianeta da qualche centinaio di chilometri di altezza. Progetti concorrenti si sfidano, e alcuni fallimenti sembrano ritardare l'avvento del turismo spaziale, ma presto questo sarà realtà. Allo sguardo di quei turisti, la Terra apparirà come un luogo o come un nonluogo?

Bisognerebbe piuttosto rovesciare la questione e chiedersi che cosa rappresenteranno questi turisti per gli altri abitanti della Terra. Faranno parte dell'oligarchia dei facoltosi per i quali il pianeta è un luogo percorribile in tutte le direzioni e sul quale possono leggere qualcuna delle diverse componenti che lo costituiscono. Saranno essi stessi in cima alla gerarchia dei consumatori. In altri termini, si collocheranno dalla parte del contesto. I nonluoghi sono oggi il contesto di tutti i luoghi possibili, si tratta di ciò che sottende il termine *globalizzazione*, che significa prima di tutto passaggio alla scala planetaria. Uno degli aspetti della crisi attuale riguarda la tensione tra la necessità del luogo e l'evidenza della nuova contestualizzazione. È così possibile considerare la grande città di oggi come una città-mondo sulla quale si possono effettivamente leggere differenze e disuguaglianze sociali, luoghi in questo senso; ma questa città-mondo ha come contesto il mondo-città, il mondo come lo vediamo nelle immagini diffuse dai media e che non è il mondo di nessuno, in questo senso un nonluogo.

Sarà un percorso lungo e difficoltoso quello per passare dai luoghi di ieri nella loro diversità al luogo planetario la cui possibilità è oggi appena delineata, ma che dovrà trovare, tra dolori e contraddizioni, la sua cultura e la sua etica. I nonluoghi costituiranno d'ora in poi il contesto di tutti i luoghi possibili.

Siamo passati dall'età delle mondializzazioni parziali, corrispondenti a tentativi di egemonia politica – il cui ultimo esempio sono state le politiche coloniali – a quello della globalizzazione tecnologica ed economica, che si distingue dalle mondializzazioni poiché riguarda il globo terrestre nel suo insieme e identifica ogni individuo come potenziale consumatore. Ci resta da immaginare come sarà una planetarizzazione in grado di trascendere le frontiere politiche e di promuovere ogni individuo come libero abitante del pianeta Terra.

È possibile un'etnoanalisi?

Di fronte allo spettacolo delle immagini vertiginose che corrispondono al cambiamento di scala che ho descritto nel capitolo precedente, si potrebbe provare la sensazione di un cambiamento radicale che dovrebbe necessariamente riguardare gli individui, le loro relazioni con gli altri e il loro rapporto con se stessi. Tuttavia se ammettiamo, da una parte, che non esistono cesure nette nella Storia e, dall'altra, che la relazione dialettica tra identità e alterità è una componente simbolica permanente, se non strutturale, della personalità umana, potremo cercare di tracciare un nesso tra epoche ed esperienze storicamente vicine e quella che chiamiamo la crisi attuale.

Vi propongo dunque una deviazione, domandandovi *ex abrupto*: è possibile un'etnoanalisi? Domanda strana, a prima vista. E prima ancora: che cos'è un'etnoanalisi?

Cominciai a riflettere su questo concetto in Costa d'Avorio, una quarantina di anni fa, mentre assistevo ad alcune sedute in cui individui malati o sospettati di avere provocato la malattia di uno dei propri cari venivano interrogati da un "profeta-guaritore".

I "profeti"

Prima di tutto qualche cenno su questi profeti: si erano dati questo nome prendendolo direttamente dalla Bibbia e si presentavano come testimoni e intermediari della nuova epoca. Bisogna dire che nell'Africa occidentale, come d'altronde nel resto del continente, la colonizzazione è stata un fenomeno tardivo, improvviso e rapido. Fino agli anni ottanta del diciannovesimo secolo, i pochi insediamenti europei si limitavano ad alcune stazioni di commercio lungo la costa atlantica. Da qui la forza di quello che chiamerò in prima approssimazione il "trauma coloniale": gli africani sono stati bruscamente spinti dalla presenza congiunta dei militari o degli amministratori coloniali e dei preti o pastori missionari a prendere atto del fatto che non solo non erano in grado di resistere fisicamente all'invasore, ma che quest'ultimo ricavava la propria forza da un rapporto privilegiato con Dio, il Dio unico dei cristiani rispetto al quale le divinità locali non reggevano il confronto. Senza entrare nel dettaglio di un fenomeno complesso e riscontrato in tutta l'Africa subsahariana nella stessa epoca, bisogna sottolineare che la prova di forza imposta dal potere bianco si è manifestata simultaneamente come materiale, fisica, spirituale e intellettuale – il che corrispondeva d'altronde alla visione non dualista di culture per le quali la distinzione anima/corpo non ha alcun senso.

I profeti, proprio come quelli biblici, annunciavano cambiamenti rapidi e presentavano l'attaccamento alle antiche pratiche come un freno a tale rivoluzione. Annunciavano la fine di una storia e l'inizio di un'altra, restando al contempo fedeli alle rappresentazioni tradizionali nella loro denuncia dei fautori dell'arretratezza.

Nel complesso, e ancora oggi, possono passare allo stesso tempo (e contraddittoriamente) per gli avversari e i continuatori delle concezioni "persecutorie" del malessere degli individui, vale a dire di quelle concezioni che cercano sempre la spiegazione di tale malessere all'esterno di coloro che ne vengono colpiti, nel loro ambiente più o meno prossimo. I profeti ricevevano presso di loro sia le vittime della vita tradizionale, sia quelle della vita moderna, contadini e cittadini votati al fallimento, reduci degli intrighi di paese e storpiati dalla vita cittadina.

Il modello interpretativo dei profeti si basa su resoconti simili in tutto a quelli di cui si servono gli etnologi sia nello studio dei profeti stessi, sia dei casi da essi trattati. Possono esservi numerose varianti tra una cultura e un'altra, ma la ricerca del male (provocato dagli uni e subito dagli altri) ha sempre luogo all'interno delle relazioni sociali indotte dal complesso familiare: la filiazione, l'alleanza matrimoniale, le generazioni e la residenza.

Un esempio per chiarire concretamente il mio proposito. Nella società a filiazione matrilineare in cui ho lavorato in Costa d'Avorio, la causa di un malessere, di una malattia o di un decesso era cercata anzitutto nel lignaggio materno; tuttavia, vista la tensione esistente tra i suoi rappresentanti (principalmente lo zio per parte di madre di un individuo) e quelli del lignaggio materno del padre – tensioni spiegabili, tra l'altro, con ragioni di interesse economico – la ricerca di questa causa poteva variare in ogni direzione (il padre stesso, per esempio, era autorizzato in determinate circostanze a maledire il proprio figlio, e tale maledizione era considerata fatale). I coetanei di un individuo (compagni "generazionali", della sua stessa fascia di età), in caso di conflitto, si schieravano aprioristicamente dalla parte del padre, vale a dire del lignaggio materno del padre, e non dalla parte del lignaggio materno (all'interno del quale il potere di nuocere poteva essere esercitato in via prioritaria, per esempio da parte dello zio materno nei confronti del nipote). Aggiungiamo che la residenza era patrilocale (il bambino viveva con il padre) e virilocale (la donna raggiungeva il suo sposo, in genere dopo la nascita dei suoi due primi figli). Tali regole di residenza, imperative, potevano a loro volta provocare tensioni.

Le "confessioni" delle presunte vittime o dei presunti colpevoli si erano progressivamente sostituite agli interrogatori tradizionali e alle procedure di ordalia che potevano arrivare fino alla condanna a morte. Ciò che mi aveva colpito nelle confessioni rese ai profeti era, al di là del linguaggio particolare a cui si richiamavano, la realtà dei mali sofferti e degli interessi in causa. Il linguaggio si serviva volentieri di quelle che potremmo chiamare *metafore cannibalesche*, che tuttavia non avevano niente di metaforico per quanti le utilizzavano. Chi si diceva "divorato" o "mangiato" da qualcun altro deperiva realmente. Per il resto, i conflitti erano reali e le motivazioni addotte comprensibili.

In questo contesto l'istituzione profetica (che allontanava accusatori e vittime dal villaggio tradizionale e costituiva talvolta un rimedio contro la durezza delle sanzioni tradizionali) poteva passare per una figura di transizione, di una transizione verso una comprensione più obiettiva dei malesseri e dei mali.

Antropologia e psicanalisi

Tutto questo aveva una connotazione locale tanto forte da risultare strano ed estraneo a un osservatore occidentale? Certamente no. Non abbiamo alcuna difficoltà a immaginare le tensioni che possono nascere nell'ambito della filiazione.

Etnologi e psicanalisti talvolta si sono chiesti se e come il complesso di Edipo potesse manifestarsi nelle società matrilineari. Senza entrare nel dettaglio del dibattito su tale argomento tra i rappresentanti delle due discipline, mi collocherò fin da subito dalla parte di quanti non rifiutano l'universalità della psiche umana a beneficio del relativismo culturale e che ritengono, insieme a George Devereux, che gli oggetti culturali e i fantasmi siano «prodotti della mente umana, e quindi, in ultima analisi, dell'inconscio»[1].

È certo che nella società che ho preso come esempio le tensioni tra lo zio materno e il nipote uterino erano più forti a priori di quelle tra padre e figlio, ma queste trovavano la propria origine in posizioni di autorità sociale ed economica che si manifestavano relativamente tardi. A questo proposito ci si potrebbe ricollegare alle osservazioni di Géza Róheim che si recò sull'isola di Normanby in una società simile a quella delle isole Trobriand.

Róheim sottolineava che lì il bambino trascorreva i suoi primi anni con il padre e la madre e che non c'era nessun motivo, in quelle condizioni, tale per cui potesse nascere in lui un qualche complesso "avuncolare" al posto di quello di Edipo, come aveva affermato Malinowski. Mi domando piuttosto – non senza, me ne rendo

---

1 George Devereux, *Etnopsicoanalisi complementarista*, Franco Angeli, Milano 2014 (ed. or. *Ethnopsychanalyse complémentariste*, 1972).

conto, una certa dose di ingenuità – se i discorsi che oggigiorno un paziente fa al suo analista non riguardino inevitabilmente gli stessi temi affrontati da uomini e donne che, recatisi da un "profeta" o portati davanti a lui per lamentarsi o per difendersi, si definivano in rapporto alla propria parentela agnatizia e uterina, ai propri antenati o alle persone della propria fascia di età così come al proprio ambiente spaziale e geografico. Inoltre, a partire dalla constatazione che queste "cronache" coincidevano con quelle delle monografie etnografiche, mi ero chiesto, a mo' di battuta e per provocazione, se non si potesse definire etnoanalisi il ricorrere a un discorso rapportato in tal senso alle quattro grandi categorie della filiazione, dell'alleanza matrimoniale, della generazione e della residenza.

Capita che conversazioni estemporanee ci diano l'idea dei problemi vissuti da questo o quello. Parlare dà sollievo, dicono, anche se l'interlocutore non ha alcuna soluzione da proporre né interpretazioni da fornire. Certi adepti della psicoanalisi selvaggia avranno fatto presto, talvolta, a formulare una diagnosi, ma il più delle volte le conversazioni tra amici hanno ambizioni più modeste e non si presentano come tentativi di far luce sui complessi del passato. In compenso, può succedere che si concludano con qualche parola di incoraggiamento o qualche consiglio. In questo si avvicinano più alla pratica dei profeti che a quella degli psicoanalisti.

Ciò che promettono i profeti è il rapido avvento di un mondo in cui le forme di sanzione tradizionali saranno scomparse. Detto altrimenti, si proiettano verso l'avvenire di tutti, che dovrà costituire un'opportunità per ciascuno. In questo senso, sono ben lontani dalle diagnosi e dai pronostici tradizionali che cercano le cause del male nel passato dell'individuo. Da questo punto di vista, meritano effettivamente il nome di profeti.

Le nuove sofferenze

Invitare degli individui a rivisitare i luoghi in cui vengono elaborati simultaneamente il senso delle relazioni sociali e gli sconvolgimenti che lo scuotono potrebbe, qui e oggi, aiutarli a dissipare le nuove forme di malessere o di malattia? Per cominciare a rispondere a questa domanda, bisogna prima di tutto menzionare l'attuale contesto storico, che evoca a sua volta quello in cui si trovavano gli ex colonizzati. Analogia: oggi abbiamo la sensazione di essere colonizzati, ma senza sapere da parte di chi. Questa situazione ricorda quella della colonizzazione dell'Africa sia per il suo carattere brutale e improvviso, sia per la destrutturazione che ne deriva. I rapporti tra le generazioni cambiano; le modalità di formazione delle coppie anche; si manifestano nuove forme di mobilità.

Ciascuno è coinvolto da questi cambiamenti in misura differente, ma tutti ne risentono, compresi i colonizzati e i colonizzatori di ieri. In tali condizioni, la narrazione etnoanalitica potrebbe assumere il valore di una sistematizzazione e di un bilancio. Si potrebbe anche temere che coloro che la raccoglieranno siano impotenti almeno quanto lo erano i profeti africani nel "guarire" coloro che comparivano dinnanzi a loro. Ma, di fronte alle accelerazioni della storia, ai cortocircuiti delle relazioni sociali attraverso la comunicazione mediatica e il regno dell'immagine, la narrazione permetterà forse a quanti la elaboreranno, come a quanti la riceveranno, di riappropriarsi del loro tempo, di ritrovarvisi e, come si suol dire, di ritrovare se stessi – resistendo alla vertigine collettiva di una fatalità senza causa.

Etnoanalisi è solo una parola. A suo tempo mi era parso che corrispondesse alla pratica intuitiva e disordinata dei "profeti" africani, improvvisatori più o meno folli o geniali che tentavano di capire e di aiutare coloro che erano rimasti traumatizzati da uno choc storico senza procedenti. Mi torna alla mente oggi in occasione di una rivoluzione storica di portata ancora più ampia, ma della quale tale choc era preconizzatore (la colonizzazione annunciava la globalizzazione). Si tratta sempre di una parola, ma il suo impiego può ricordarci la necessità di non sacrificare alle considerazioni macrosociologiche o transtoriche lo studio della psiche umana individuale, senza la quale queste considerazioni risulterebbero prive di senso. Viviamo oggi, non senza scontri e contraddizioni, un cambiamento di dimensioni senza precedenti, il passaggio all'era planetaria. Tale passaggio rende di conseguenza tanto più necessaria l'attenzione alla coscienza di sé, unica in grado di dargli un senso. Come ritrovarsi? Come ritrovarvisi? Come trovare il proprio luogo?

Il bisogno di luoghi

Oggigiorno il problema della mobilità è doppiamente paradossale: se da un lato viene presentata come un ideale, dall'altro l'adattamento agli imperativi della produzione è una necessità per l'efficienza del sistema. Ci viene detto che bisogna poter cambiare impiego facilmente, che la mobilità del lavoro sarebbe uno degli incentivi alla stabilità del sistema. Le metafore in questo campo abbondano: flessibilità contrapposta a rigidezza, ma stabilità contrapposta a lassismo.

Quanto alla mobilità fisica e spaziale, essa ha un aspetto glorioso (le stelle del cinema, dello sport, dell'architettura, della finanza e della politica si spostano per il pianeta come fosse il loro giardino) ma anche un versante spaventoso (le migrazioni forzate, l'esilio, la fuga a rischio della propria vita; i campi dei rifugiati e le forme improvvisate di una nuova sedentarizzazione). Il soggiorno obbligato, per mancanza di mezzi, rappresenta il destino di molti, mentre dall'altra parte il turismo è in pieno sviluppo: i paesi da cui i migranti partono sono a volte luoghi accoglienti per i turisti stranieri.

Gli aspetti contraddittori della mobilità sono l'immagine di un mondo dove, vale la pena ripeterlo, lo scarto tra i più ricchi dei ricchi e i più poveri dei poveri non accenna a diminuire, un mondo diviso in tre classi: i proprietari, i consumatori e gli esclusi. Il consumo rappresenta il motore di questo sistema, che non ha effettivamente bisogno di un mercato sempre più esteso dal punto di vista geografico e sociale: l'offerta sempre nuova di prodotti tecnologici continuamente modificati e più performanti forse è sufficiente ad assicurarne il dinamismo.

In tali condizioni, la logica del luogo – che non è mai stato accogliente nei confronti dell'altro – tende a inasprirsi in forme di cui l'attualità ci offre numerosi esempi, in particolare in Europa, di fronte all'afflusso dei rifugiati dal Medioriente. D'altro canto, tutti gli sforzi di creare un *luogo*, nel senso antropologico del termine, devono confrontarsi oggi con il problema rappresentato dal cambiamento di scala della vita e della società umana. Il passaggio su scala planetaria ha come conseguenza da una parte la comparsa di spazi in cui le relazioni sociali non possono essere lette immediatamente – spazi di consumo o di transito –, dall'altra la generalizzazione di un contesto globale che condiziona qualunque sforzo di "localizzazione".

In questo modo le eterotopie[1], come le intendeva Foucault, sono sempre dipendenti dalla nuova contestualizzazione, che si definisce attraverso i nonluoghi della circolazione, del consumo e della comunicazione. Tuttavia abbiamo bisogno di luoghi, e passiamo il nostro tempo a costruirne nella misura in cui abbiamo bisogno della relazione e del legame con gli altri. Uno degli aspetti della crisi attuale è dovuto alla tensione tra questi due aspetti opposti.

Il cambiamento di scala della vita umana rappresenta l'apice della nostra epoca. Quale che sia il nostro punto di vista in merito, esso si impone nei fatti. In un certo senso, è il consumo ad essere il fattore comune ai diversi spazi cui ho associato più di vent'anni fa la nozione di nonluogo. La circolazione è un bene di consumo: si comprano viaggi, soggiorni, vacanze. La comunicazione è il bene di consumo per eccellenza e, paradossalmente, non smette di individualizzarsi: il cellulare diventa un piccolo computer che permette di connettersi al mondo intero. Le tecnologie evolvono con rapidità e obbligano chi vuole rimanere "alla moda" ad acquistare gli ultimi modelli.

1 Termine coniato dal filosofo francese Michel Foucault (1926-1984) per indicare quei luoghi reali e concreti, presenti in tutte le culture di qualunque periodo, attraverso i quali ci si apre su altri luoghi e spazi. Sono esempi di eterotopia lo specchio, il cimitero, il cinema o il teatro, la prigione. Il concetto venne descritto nella sua forma definitiva nel corso di una conferenza tenuta a Parigi nel 1967, successivamente pubblicata con il titolo *Des espaces autres, Hétérotopies*, 1984 (*Spazi altri. I luoghi delle eterotopie*, Mimesis, Milano 2001). [N.d.T.]

In tal modo prende piede una nuova forma di discriminazione tra quanti sono aggiornati e partecipano alla comunicazione elettronica e quanti ne sono più o meno esclusi. La novità è che la capacità di costruire relazioni, "amicizie", è diventata il criterio discriminante. Obama e Lady Gaga hanno milioni di amici su Facebook. Saremmo tentati di distinguere due forme di solitudine: quella tradizionale – a sua volta ambivalente perché può essere ricercata così come si cerca la calma e la possibilità di ritrovare se stessi, o temuta, quando viene imposta attraverso l'isolamento – e le nuove solitudini legate alla pratica sistematica e illusoria di quelle che chiamiamo *reti sociali*, che può portare all'alienazione e alla nevrosi.

La nozione di rete sociale riassume le contraddizioni della situazione attuale. L'uomo è un animale simbolico e ha bisogno di relazioni inscritte nello spazio e nel tempo: ha cioè bisogno di "luoghi" in cui la sua identità individuale possa costruirsi a contatto e a confronto con gli altri. Il fascino esercitato dai mezzi di comunicazione elettronici ne è la prova, ma il loro ideale di ubiquità e istantaneità è contrario all'apprendimento della relazione tra individui, che ha bisogno invece di tempo e di spazio.

Davanti a ciò che è percepito come una spersonalizzazione delle relazioni sociali e alla comparsa di nuove forme di isolamento e solitudine, le reazioni umane sono spettacolari. In un certo senso passiamo il nostro tempo a cercare di fare dei luoghi. La grande città ci fornisce quotidianamente punti di riferimento temporali, sia quelli della grande storia, che commemoriamo a intervalli regolari, sia quelli della nostra storia personale: una geografia intima si mescola così alla struttura collettiva della città. Le due cose si ricongiungono in alcuni luoghi, per esempio nelle piazze pubbliche, che in Italia sono da sempre luogo di incontri e di scambio di opinioni. Creiamo quotidianamente abbozzi di luoghi, seppure effimeri o superficiali: al caffè dell'angolo, dal panettiere, nei negozietti del quartiere. I ragazzi si incontrano nei grandi spazi dei centri commerciali. In tal modo è impossibile stabilire liste assolute di luoghi e di nonluoghi nel senso empirico del termine: tutto può diventare un luogo.

È senza dubbio questa la ragione per cui alcuni, quali che siano le loro motivazioni, tentano di creare dei nuovi luoghi, in una modalità ludica ed effimera (i villaggi vacanze) o in maniera più stabile (alcuni pensionati francesi vanno a stabilirsi vicino al mare in Marocco o in Portogallo). Mirano a creare dei nuovi legami, delle nuove forme di relazione in un ambiente propizio. Questi modelli di utopie realizzate sono gli eterotipi di cui parlava Foucault. Assumono una forma più tragica quando i migranti fuggono dalla miseria e dalla violenza e, se sopravvivono, si ritrovano in campi per rifugiati, in attesa di un luogo utopico e sognato.

Dal momento in cui, poco alla volta, l'intero contesto diventa planetario, assistiamo alla fine della preistoria e all'ingresso dell'umanità nella storia come società planetaria. È una sfida più generale, testimoniata sia dalle nuove forme di violenza che percorrono il pianeta sia dalla vasta e disordinata portata dei movimenti migratori.

Bisogna riconoscere che, trattandosi dello stesso pianeta Terra, la storia è appena iniziata. Fino a poco tempo fa, immaginavamo dei marziani. Ci resta da costruire, nel secolo a venire, una società di terrestri, per cominciare ad adattarci al futuro cambiamento di scala che ci proietterà nella nostra galassia. Questo sforzo di adattamento è cominciato in maniera insidiosa. Le immagini mostrateci oggi dagli astronauti sono sorprendenti sotto molti aspetti, ma in particolare per il carattere familiare del vocabolario usato per descrivere i paesaggi che intravediamo sui pianeti della nostra galassia: montagne, valli, faglie, oceani, ghiacciai… Per lontani che siano, quali che siano ancora le nostre incertezze sulle loro caratteristiche, tali paesaggi sono diventati l'oggetto e l'orizzonte delle nostre aspettative, l'immagine di un futuro lontano, poco conosciuto, ma possibile. Ci proiettano in spazi che non sono ancora né luoghi né nonluoghi – più esattamente, dei luoghi possibili che non sono ancora dei nonluoghi, ma che fanno rinascere l'idea, attraente e affascinante, di una nuova frontiera. E tutto porta a credere che, il giorno in cui entreremo in contatto con un pianeta, abitato o meno, ne saremo sorpresi prima di tutto per il suo aspetto di “già visto”.

L’età e il tempo

Le trasformazioni del pianeta e dell'immagine che ne abbiamo chiamano in causa la nostra situazione nel tempo. Da una parte perché l'allungamento della durata media della vita ci rende più sensibili all'accelerazione della storia, dall'altra perché la prolungata coesistenza di diverse generazioni ci porta a toccare con mano i cambiamenti che tale accelerazione produce nell'essere umano in termini intellettuali, psicologici e anche fisici.

L'età come fatto sociale

Sono le regole sociali a fissare l'età della maturità, a partire dalla quale un individuo gode di tutti i diritti sociali; ma sono sempre loro che fissano i limiti di età per presentarsi a un concorso e che fissano l'età della pensione. La vita collettiva, a livello generale, ubbidisce a regole che si fondano sull'età a partire dalla quale si può esercitare una certa funzione e sull'età oltre la quale non si può più fare. I limiti della vita sociale attiva sono così determinati in base all'età, e numerosi esempi ne sottolineano la dimensione sociale. Le regole possono cambiare, ma ci saranno sempre. Nei paesi occidentali, oggi, c'è piuttosto la tendenza ad abbassare la soglia della maggiore età e dunque della piena responsabilità sociale.

L'età è sempre stata una componente della vita e della gerarchia sociale, sia nell'organizzazione generale sia nel dettaglio delle procedure di trasmissione e di eredità all'interno delle famiglie: così il diritto di primogenitura ha costituito per lungo tempo un privilegio e la distinzione tra figli maggiori e cadetti è stata, in molte società, un fattore di disuguaglianza che si sovrapponeva ai rapporti ineguali tra generazioni.

L'età è dunque uno degli elementi costitutivi delle relazioni sociali; sovrintende, sotto diversi aspetti, ai rapporti tra gli uni e gli altri che stabiliscono, in ogni cultura, quello che potremmo definire il "senso sociale". Nelle società fortemente gerarchizzate quest'ultimo viene imposto, ma la libertà di iniziativa individuale è ridotta. In tutte le società vi è una tensione tra senso sociale e libertà individuale, e uno dei compiti essenziali della democrazia è quello di ridurre tale tensione e di non sacrificare la seconda alle necessità del primo.

Giovinezza e vecchiaia sono categorie troppo generiche per essere impiegate senza difficoltà o ambiguità. Ai giorni nostri si parla volentieri in termini di età: i "giovani" da una parte e dall'altra la massa crescente degli appartenenti alla "terza età", per non parlare della "quarta età", quella in cui si distinguono alcuni novantenni brillanti che lasciano sbalorditi per la loro straordinaria vitalità, intellettuale o artistica, ma che presenta anche, più modestamente, vegliardi disorientati che vivono in strutture dove sono gentilmente trattati come bambini.

Se ci fermiamo a queste categorie generali, corriamo il grosso rischio di fare delle constatazioni ambivalenti o contraddittorie. Si parlerà ad esempio di "giovanilismo", e dell'attrazione esercitata dall'immagine del corpo giovane su tutti coloro che si sforzano di non prendere peso o si fanno tirare continuamente le rughe del viso. Al contrario, si parlerà della sorte invidiabile dei pensionati, in rapporto ai giovani senza lavoro. Ma non tutti i giovani sono privi di un impiego; non tutti i giovani hanno un corpo da sogno e una salute di ferro. E non tutti gli anziani vivono nel piacevole conforto di una pensione consistente. Impiegate troppo sistematicamente, le categorie di età impongono un'immagine riduttiva e falsata delle situazioni umane.

Il tempo come libertà

Ecco perché mi è parso che anche la categoria del tempo andasse presa in considerazione: l'età è un vincolo (e spesso, lo vedremo, un vincolo sottolineato, se non imposto, dagli altri, dall'esterno). Il tempo è una libertà di cui ciascuno si appropria. Ognuno ha i propri ricordi – che non saranno necessariamente i medesimi dei suoi contemporanei che avranno vissuto gli stessi avvenimenti – e ha delle immagini a cui tiene; ognuno ha i propri progetti o sogni; ognuno può approfittare di qualche momento interessante o felice, senza preoccuparsi dei giorni che passano. Sappiamo che il tempo trascorre più o meno in fretta. A seconda dei ricordi che evochiamo, possiamo avere la sensazione di averli vissuti ieri o, al contrario, che essi appartengano quasi a un'altra vita, tanto ci sembrano lontani. Ci si può prendere il proprio tempo, darsi del tempo per riflettere, liberarsi del tempo. Fino a quando non ci viene chiesto: "Quanti anni hai?". Questa domanda ci condanna a interpretare un altro ruolo: quello del vecchio saggio che ha avuto molte esperienze o quello, più leggero ma non meno sfruttato, di chi non dimostra la sua età.

Il tempo è il rapporto sensibile e sensoriale con la vita. Alcuni scrittori hanno evocato il potere folgorante di una sensazione capace di restituirci un istante passato nella sua interezza. Improvvisamente, il tempo ha una virtù: alimenta una forma di memoria che non si cura dell'età. I percorsi individuali sono certamente vari e ineguali: alcuni preferirebbero non avere ricordi della propria infanzia, altri non hanno nemmeno la forza di pensarci, tanto è il peso della sofferenza attuale. Tuttavia credo che il più delle volte non siamo così lontani da loro o dagli interrogativi che ci portavano alla scoperta del mondo. Ed è quindi l'occasione di una presa di coscienza tardiva e più chiara di quello che in gioventù era solamente una sorta di presentimento.

Io ho conosciuto mio nonno, trascorrevo le vacanze con lui da bambino e poi da adolescente. Adesso posso immaginare più facilmente il piacere (condiviso) che provava per le nostre chiacchierate. Capisco meglio, anche se mi sembra di averlo già intuito prima, come egli mi fosse ancora più vicino di quanto non immaginassi: non eravamo lontani l'uno dall'altro perché lui non lo era dalla propria giovinezza, della quale tuttavia mi parlava poco. Forse uno dei meriti dell'età è quello di autorizzare queste forme di solidarietà retrospettiva. E forse permette di trarne qualche insegnamento sulla solidarietà possibile e necessaria, oggi, tra le generazioni.

Identità e alterità

L'identità si costruisce attraverso relazioni di alterità. Se ripeto tale constatazione, che si applica prima di tutto, naturalmente, alla prima educazione da parte dei genitori, è perché, più in generale, l'incontro con gli altri è, lungo tutto l'arco della vita, necessario alla costruzione e all'affermazione di sé. Le generazioni svolgono, insieme ai rapporti di parentela, un ruolo essenziale in questo processo. Ora, in un'epoca di rapida evoluzione e di rapidi cambiamenti tecnologici, la solidarietà obiettiva all'interno di una stessa generazione è particolarmente marcata.

Ci si potrebbe anche chiedere se l'apprendimento precoce dell'uso dei nuovi mezzi di comunicazione non avrà alla lunga un'influenza sulla gestione del corpo. Un cinquantenne di oggi non avrà mai l'abilità e la rapidità dei più giovani nell'uso quotidiano degli strumenti elettronici. Sotto questo aspetto, i ruoli degli uni nella formazione degli altri tendono a invertirsi. Sono i nonni che hanno molto da imparare dai propri nipoti. Ma questo fornisce forse alle generazioni attuali l'opportunità di disfarsi di un'illusione dagli effetti contraddittori, che è ben riassunta dal proverbio francese: «Se giovinezza sapesse, se vecchiaia potesse»[1].

Applicata in amore, la formula è passibile di contestazione: le eventuali timidezze della giovinezza non le impedivano di esserne cosciente, e non sempre i meno giovani imparano

[1] In Henri Estienne II, *Les prémices ou Premier livre des Proverbes épigrammatisés*, 1594.

dall'esperienza; non a caso si è potuto affermare che gli uomini ripetono i propri errori a tutte le età. Più in generale, ciò che l'età insegna alle persone più anziane somiglia a una forma di rassegnazione di fronte all'ineluttabile, ma anche, nel migliore dei casi, a una profonda coscienza del fatto di essere (ancora) vivi. Da cui il buonumore e l'ottimismo di alcuni anziani. Cioran nei suoi *Sillogismi dell'amarezza* si era così espresso: «La felicità è tanto rara perché ad essa si accede solo *dopo* la vecchiaia»[2]. Frase amara, in effetti, e i cui termini sono tutti problematici. Cos'è la felicità?

Se si tratta della consapevolezza di esistere, dobbiamo riconoscere che essa ha bisogno della relazione con gli altri. Una delle crudeltà dell'età che avanza riguarda la solitudine subita e imposta dalla progressiva scomparsa dei vecchi amici. Solo una deliberata volontà di creare altre relazioni può attenuare questa pena. Sono state messe in atto iniziative per permettere a dei giovani di contribuire alla vita sociale dei più anziani (alloggio presso di loro, servizi a domicilio o semplici visite), interessanti nella misura in cui riescono a sfatare il sentimento di cesura tra le generazioni e l'illusione, quantomeno stravagante, di mondi generazionali incomunicabili.

2 Emil M. Cioran, *Sillogismi dell'amarezza*, Adelphi, Milano 1993, p. 31 (ed. or. *Syllogismes de l'amertume*, 1952).

L'etnologia ha spesso sottolineato, a proposito del sistema degli atteggiamenti, il fatto che le tensioni che esistono tra la generazione dei genitori e quella dei figli non esistono tra generazioni alterne, vale a dire tra quella dei nonni e quella dei nipoti. Forse, con l'allungamento della durata della vita, si passerà alla coesistenza sistematica di quattro generazioni e si potranno osservare altre forme di solidarietà.

Resta il fatto non indifferente che, davanti all'accelerazione del tempo e alla dilatazione dello spazio di cui oggi siamo testimoni, le età si completano senza opporsi, che né le domande né le risposte sono monopolio di una generazione, che gli scambi avvengono in entrambe le direzioni. La nozione di frontiera si sposta sul pianeta: non viviamo in un mondo senza frontiere, malgrado il libero mercato e la comunicazione attraverso internet, ma in un mondo in cui conta ogni giorno di più la definizione stessa di frontiera, vale a dire un limite che è possibile varcare in entrambi i sensi, per l'appunto.

La società planetaria, se mai vedrà la luce, sarà una società di varchi e passaggi. La differenza di età rappresenterà un fattore di successo se rammenterà agli uni e agli altri che sono compagni nella stessa avventura, quella della conoscenza. Questa suppone uno sforzo colossale nel settore dell'istruzione, uno sforzo ancora incompiuto al termine del quale né le origini né il sesso né l'età costituiranno un ostacolo o una barriera, ma saranno considerati come soglie a partire dalle quali ciascun individuo potrà, allo stesso titolo di chiunque altro, rivendicare la propria qualità di essere umano.

L'ideale che vedrà ogni individuo consapevole di come la propria soggettività trascenda le barriere dell'età, diverrà così la realizzazione dell'uomo generale che vive in lui.

Ritorno all'universale

L'antropologia potrebbe sembrare, più di tutte le altre scienze umane e sociali, particolarmente minacciata dalle più recenti evoluzioni del mondo e del pensiero. Se la si definisce attraverso i suoi oggetti empirici iniziali, bisogna in effetti ammettere che questi (le società primitive, tribali o di lignaggio) stanno scomparendo o si stanno rapidamente trasformando e che la loro stessa diversità (dai gruppi isolati di cacciatori-raccoglitori in Australia ai regni commerciali dell'Africa occidentale) può gettare in retrospettiva un'ombra di dubbio sull'uniformità e la coerenza della definizione di antropologia come disciplina.

Se la si definisce attraverso il suo progetto teorico e il suo oggetto intellettuale, bisogna in effetti riconoscere che le sue ambizioni, dopo il trionfo dello strutturalismo negli anni sessanta, sono state riviste al ribasso e che anche l'indeterminatezza del concetto di struttura porta a dubitare, a posteriori, della sua capacità di definire un approccio omogeneo e logico. Nella sua forma di maggior successo e più radicalmente materialista (la ricerca, nell'ambito della parentela o dei miti, di strutture formali che rinviassero a quelle dell'organizzazione cerebrale), il progetto strutturalista resta tra tutti quello che più si è avvicinato alla meta, come d'altronde, in senso inverso, anche gli studi cognitivisti, che ambivano a comprendere il passaggio dalle forme di apprendimento elementari alle architetture più complesse del pensiero, della letteratura e dell'arte.

Questa revisione al ribasso ha risvegliato nuove ambizioni e innescato altre iniziative, che hanno in comune il paradigma sul quale si è basata, da Durkheim in poi, la ricerca antropologica, e che chiamerò *paradigma dell'elementare*. Le forme elementari della vita religiosa non sono concepite come forme inferiori alle altre, ma come un insieme di principi essenziali che costituiscono il nucleo di qualunque religione. Se per Durkheim esse sono osservabili in maniera più diretta nei gruppi umani di piccole dimensioni è perché, secondo lui, il religioso è una proiezione del sociale e la misura dell'uno, logicamente, si effettua in rapporto all'altro. Le strutture "elementari" della parentela derivano da una concezione analoga: portando alla luce l'atomo della parentela, Lévi-Strauss assume la capacità di comprendere la diversità delle relazioni di parentela e di alleanza come sottesa alla logica formale di un sistema di trasformazione che permette di padroneggiare intellettualmente il passaggio da una modalità all'altra.

Oggi, due paradigmi si oppongono, in modo più o meno reciso, a quello dell'elementare: li chiamerò *paradigma della differenza* e *paradigma dell'indifferenza*.

Il primo corrisponde a un rilancio del culturalismo in senso ampio, influenzato da rimesse in discussione e prese di iniziativa successive alla decolonizzazione. L'universalismo è talvolta considerato come la maschera della dominazione occidentale. Il pensiero della differenza affonda le sue radici nella stessa tradizione intellettuale occidentale, ma ha trovato nuove espressioni, nel corso degli ultimi decenni, nei lavori di molti ricercatori, primo fra tutti Clifford Geertz[1]. Così la concezione ermeneutica della cultura come un testo che l'etnologo tenterebbe di descrivere si inscrive in una prospettiva in cui ciascuna cultura rappresenta un fatto a sé stante. Qualunque riferimento al paradigma dell'elementare appare quindi escluso e, in un sol colpo, qualunque ambizione strettamente antropologica ne risulta fortemente compromessa.

Bruno Latour[2], attraverso i suoi lavori sui laboratori scientifici o su Pasteur, dev'essere

1 Clifford Geertz, *Interpretazione di culture*, il Mulino, Bologna 1998 (ed. or. *The Interpretation of Cultures*, 1973).

2 Bruno Latour, Steve Woolgar, *Laboratory Life: The Social Construction of Scientific Facts*, Princeton University Press, Princeton 1979.

considerato l'inventore del paradigma dell'indifferenza o della non differenza. Nella sua prospettiva l'attività scientifica è un'attività sociale come un'altra che dipende da un sistema di credenze e pratiche culturali specifiche. Tale paradigma dell'indifferenza si è manifestato con forza ancora maggiore nel prosieguo della sua opera con l'improvvisa apparizione del mondo dei "non umani": oggetti (strumenti come una macchina da scrivere) o cose (entità come lo Stato) che influenzano, spesso in maniera decisiva, i nostri comportamenti. Il paradigma dell'indifferenza è presente oggi nell'opera di molti sociologi ed è riscontrabile inoltre, in una forma particolare, al centro delle preoccupazioni espresse da quelli che Latour definisce «animalisti», per i quali l'individuo animale ha dei diritti esattamente come l'individuo umano.

Senza discutere oltre le aspettative dei paradigmi della differenza e dell'indifferenza, difenderò molto brevemente, come in una specie di piccolo manifesto, una concezione opposta, decisamente "moderna", dell'antropologia e la conseguente necessità, a mio avviso, di un ritorno al paradigma dell'elementare.

Uno degli effetti più perversi della globalizzazione è di comportare una deriva del pensiero dell'universale verso una concezione statistica e quantitativa delle società umane. La globalizzazione si adatta perfettamente al paradigma della differenza, nella misura in cui riguarda essenzialmente il settore della comunicazione, della circolazione e dei consumi, settori nei quali possiamo quotidianamente constatare che, smentendo la visione di Fukuyama, i regimi politicamente e (o) religiosamente totalitari fanno parte di questo mondo globale, esattamente allo stesso titolo delle democrazie. L'invenzione del termine *glocale* risponde a questa combinazione tra globale e particolarismi locali, soprattutto in ambito politico e religioso. Tale aspetto può anche essere pigramente teorizzato e diffuso sotto l'etichetta di "rispetto delle differenze". Ora, il paradigma della differenza, conferendo sostanza alle culture, tende a ignorare o negare la diversità e l'autonomia degli individui. Intendiamo qui per *cultura* un insieme relativamente coerente di rappresentazioni e principi che regolano l'organizzazione delle relazioni tra gli individui di una collettività, che si costituisce così in società.

Ritorno per un istante alla distinzione già proposta prima tra senso e libertà a proposito dei concetti di età e tempo. Se chiamiamo *senso* l'insieme delle relazioni istituite culturalmente e *libertà* il margine di iniziativa lasciato all'individuo, se ne dedurrà che esiste necessariamente una tensione tra senso (sociale) e libertà (individuale). All'interno dei gruppi umani in cui le relazioni sono stabilite, il senso è evidente: è letteralmente *imposto*, e la libertà individuale tende a zero.

C'è dunque uno stretto legame tra lo statuto dell'individualità e la definizione di sociale. Il tema del rispetto delle differenze culturali tende a ignorare e a far ignorare, da una parte, le differenze individuali all'interno delle culture e, dall'altra, l'esistenza della specie umana, del genere umano, al di là delle culture. Si è molto chiosato, a partire da Lyotard e dalla sua analisi della "condizione postmoderna", circa la fine delle grandi narrazioni; ma è opportuno ricordare ciò che lo stesso Lyotard sottolineava, cioè che questi grandi miti riguardavano non le origini bensì l'avvenire, ma ancor più che essi mettevano in gioco l'uomo in generale, l'uomo in quanto appartenente al genere umano, e non i rappresentati di una particolare cultura. Postulare l'esistenza dell'uomo generale significa affermarne la presenza in ciascun individuo umano, indipendentemente dal suo sesso e dalla sua origine, significa affermare, in termini politici, la sua sovranità. Parafrasando, in versione abbreviata, la formula di Sartre: ognuno uomo, tutti l'uomo[3].

D'altra parte, sappiamo bene che, fin dalla sua nascita, l'individuo ha bisogno della relazione con gli altri per esistere, per costruire e affermare la propria identità. Mauss faceva notare che non è mai esistito essere umano che non avesse il senso della propria individualità spirituale e

3 «Se ripongo l'impossibile Salvezza nel ripostiglio degli attrezzi, cosa resta? Tutto un uomo, fatto di tutti gli uomini: li vale tutti, chiunque lo vale» in Jean-Paul Sartre, *Le parole*, il Saggiatore, Milano 2011, p. 176 (ed. or. *Les mots*, 1964).

corporale, ma vi sono tuttavia molti sistemi sociali che tendono a ridurre l'autonomia della coscienza individuale. È questo il caso delle società analizzate dai primi etnologi, in cui le relazioni erano prescritte, o delle società totalitarie e, in maniera più generale, di tutte le società in cui la sfera pubblica tenta di affermarsi su quella privata. La strategia dei regimi totalitari più estremi è sempre stata di isolare l'individuo intervenendo nella sua vita privata per separarlo dalle sue relazioni più strette. In termini politici, si potrebbe dire che la scommessa della vita democratica è garantire la libertà (individuale) senza perdere il senso (sociale), vale a dire coniugare le tre dimensioni dell'umano: la dimensione individuale, quella culturale (sociale e di relazione) e quella generale. Oggi, in un mondo saturo di immagini e messaggi, nell'ambito della comunicazione istantanea è fondamentale disfarsi delle illusioni date dall'evidenza, non dipendere dagli oggetti creati dall'uomo e sfruttati dagli uomini, non ridurre l'individuo a consumatore e non considerare i personaggi creati dal mondo mediatico globale come l'incarnazione stessa della libertà; bisogna preservare l'esigenza di uno sguardo critico sulla storia che stiamo vivendo.

È vero che il rifugio fornito all'azione umana dalle innovazioni tecnologiche, in particolare elettroniche, semplifica e complica al contempo l'osservazione degli individui del cui corpo queste diventano estensione o prolungamento.

Gli stessi contestatori, nel far sentire la propria voce, sono prigionieri di un mondo di immagini creato dalla prodigiosa espansione dei *media* e della comunicazione. Nel giro di pochi decenni appena, il nostro ambiente più familiare è stato trasformato. Le categorie della sensazione, della percezione e dell'immaginazione sono state sconvolte da queste innovazioni e dalla potenza dell'apparato industriale che le distribuisce.

Il corpo si attrezza: lo droghiamo, lo "dopiamo" in maniera sempre più efficace. Cominceremo presto a migliorare le sue prestazioni grazie alle nanotecnologie, inserendo al suo interno dei microprocessori, forma leggendaria dell'impianto elettronico. Il paradosso di questo corpo trionfante, tuttavia, è che non sarà più il corpo di nessuno, che sfuggirà a colui o colei che se ne credeva padrone, prigioniero delle tecnologie o delle sostanze che lo spingono oltre ogni limite fisico, così come resta prigioniero del suo braccialetto magico l'individuo condannato alla sorveglianza elettronica. Quando le seduzioni della finzione penetrano la realtà, suscitano dapprima lo stupore, poi il dubbio e infine il timore di una perdita di possesso dell'uomo per mezzo delle tecnologie che lui stesso ha inventato. La paura dell'apprendista stregone è sempre presente, tanto più se le applicazioni tecnologiche capaci di creare corpi invulnerabili e ultraperformanti sono principalmente di ordine militare. Nel momento stesso in cui le macchine da guerra cominciano a sostituire gli uomini (pensiamo ai droni), il corpo umano aspira all'invulnerabilità e alla potenza delle macchine. È certamente assurdo immaginare che dei robot possano trasformarsi un giorno in uomini, ma lo è molto meno ipotizzare il percorso inverso e temere che saranno gli uomini a trasformarsi in robot: esistono precedenti storici, anche in assenza di interventi tecnologici.

Tradizionalmente l'etnologo studiava le relazioni sociali in gruppi abbastanza ristretti da permettergli di lavorare da solo, e si sforzava di farlo all'interno del loro contesto. Oggi invece il contesto è sempre mondiale, anche nel profondo dell'Amazzonia o nel mezzo del Sahara. L'estensione degli spazi di circolazione, di consumo e di comunicazione ci dà dunque un'idea di quello che sarà il mondo di domani, e corrisponde, per gli individui come per i gruppi, a un cambiamento di scala che modifica la definizione del contesto, che è sempre, in definitiva, planetario.

Quanto agli strumenti e agli spazi di comunicazione, essi fanno parte sia del contesto sia della relazione e, in fin dei conti, il loro sviluppo può persino avere come effetto la messa in discussione di tale distinzione. Gli etnologi che in futuro si sforzeranno di analizzare il funzionamento di quelle che chiamiamo *reti sociali* avranno certamente delle difficoltà a separare il tipo di relazioni che si creano al loro interno dall'ambiente di cui fanno parte e che esse stesse contribuiscono a definire. In queste condizioni, ogni etnologia diventa antropologia, e l'antropologo fa esplicitamente parte di coloro che sono oggetto del suo studio.

Non esiste sviluppo tecnologico che autorizzi a confondere i fini con i mezzi, o ancor meno a ignorare i progressi storici della conoscenza scientifica, né a far finta di non vedere l'eccezione umana: l'uomo è sì un animale, ma un animale simbolico e storico; crea degli oggetti e delle macchine, ma questi restano degli utensili. Quanto alla coesistenza di differenti forme culturali, questa non ha niente a che vedere con la diversità delle specie, perché la specie umana è una. La tematica dell'apprendista stregone è una caricatura dell'atteggiamento scientifico, che non ha altro obiettivo che esplorare e spostare le frontiere dell'ignoto.

Per continuare ad analizzare efficacemente le società e gli individui nel loro divenire è dunque indispensabile e urgente un esplicito ritorno al moderno paradigma dell'elementare. Può essere d'aiuto qualche riferimento. Ho citato Sartre e Mauss; un antropologo troverebbe altri appigli: in Lévi-Strauss, che nella sua *Introduzione all'opera di Marcel Mauss*[4] evoca il carattere arbitrario del simbolico e la necessaria alienazione

---

4 Claude Lévi-Strauss, *Introduzione all'opera di Marcel Mauss*, in M. Mauss, *Teoria generale della magia e altri saggi*, Einaudi, Torino 2000 (ed. or. *Introduction à l'œuvre de Marcel Mauss*, in M. Mauss, *Sociologie et anthropologie*, 1950).

dell'individuo che accetta di vivere in un mondo definito dalla relazione tra me e l'altro – cioè nel mondo che io chiamo "culturale" –; in Balandier, che, riprendendo da Sartre il concetto di situazione a proposito della "situazione culturale", richiama la dimensione storica dell'uomo nella società; e infine in Rimbaud (o Lacan), ma per sondare il loro «Io è un altro»[5]. Affermare la dimensione generale di ogni singola individualità significa in effetti invertire la frase e affermare che, per quanto diverso e molteplice, anche l'altro è un Io.

Nel complesso, ritengo che l'antropologia sociale, intesa come osservazione delle relazioni sociali in un determinato gruppo tenendo conto del suo contesto, possa studiare con profitto le caratteristiche principali della vita contemporanea. La filiazione, l'alleanza matrimoniale, le solidarietà generazionali e la residenza, temi d'indagine empirici da essa tradizionalmente privilegiati, mi paiono tanto più appropriati, come oggetti di osservazione, oggi che sono sottoposti a importanti cambiamenti di cui dobbiamo cogliere il senso e la portata. Lo stesso termine *antropologia*, che postula l'esistenza dell'uomo generale, mi parrebbe designare l'ideale di qualunque ricerca tesa a non cadere nell'inganno dell'illusione ideologica, fosse anche di origine

5 Arthur Rimbaud, *Lettera del veggente*, in *Non sono venuto qui per essere felice. Corrispondenza*, vol. I, Aragno, Torino 2014 (ed. or. *Lettre du Voyant*, 15 maggio 1871).

tecnologica. A dire il vero, nel mondo globalizzato e frammentato in cui viviamo, l'osservazione antropologica, con il suo metodo e il suo oggetto, mi sembra indispensabile, non fosse altro che per ricordare alle oligarchie della globalità trionfante che i rapporti del particolare e dell'universale non vanno confusi con le copie del locale e del globale.

Uscita dalla religione
o fine della preistoria?

Rivendicare la pertinenza dell'analisi antropologica per comprendere il mondo attuale implica necessariamente proporre un certo approccio a questo mondo e dunque immaginare ciò che è o ciò che sta per diventare. A questo livello sono possibili alcune contraddizioni intellettuali: tra l'ipotesi scientifica e quella politica ci sono a volte dei parallelismi, possibili e auspicabili, altre volte delle differenze incorreggibili. L'ipotesi politica, che all'inizio ho presentato come fortemente desiderabile, resta pur sempre sottomessa all'azione umana: è la sua forza e al contempo il suo limite. Inoltre, sul piano intellettuale rischia sempre di esacerbarsi e di far entrare dalla finestra ciò che stava facendo uscire dalla porta. Così viviamo sempre nella minaccia di cadere negli errori dei grandi padri che, al termine delle loro grandi narrazioni, assegnavano all'umanità un avvenire glorioso e utopistico. La chiave di lettura del presente rischia di essere falsata da un avvenire bramato, anziché aprirsi sulla problematicità del reale.

Quando alludo alla preistoria dell'umanità come società planetaria, mi baso su fatti reali e verificabili (la globalizzazione del mercato, quella mediatica), ma scommetto nel lungo periodo sulla costituzione di una società che potrebbe estendersi all'intero pianeta, una società di esseri umani il cui avvento resta incerto e le cui regole di organizzazione, in ogni caso, restano di fatto ipotetiche. Oggi vi sono organizzazioni internazionali che sembrano in qualche misura prefigurarla. Le indagini di tipo etnologico che l'antropologo Marc Abélès ha svolto su istituzioni come il Parlamento europeo, l'Assemblea nazionale francese o l'Organizzazione mondiale per il commercio illustrano la validità di un metodo fondato su osservazioni locali, ma situate in luoghi (si potrebbero citare anche la Silicon Valley o il Distretto 798 a Pechino, centro principale dell'arte contemporanea) in cui il contesto planetario non potrebbe essere più tangibile e attivo. Allo stesso modo, è presente nei nuovi luoghi di permanenza obbligatoria studiati da Michel Agier[1], che sono in qualche modo il lato oscuro della nuova spazialità planetaria

Oggi non sapremmo più abbozzare una visione del futuro, vicino o lontano che sia, senza tener

1 Michel Agier, *Campement urbain. Du refuge naît le ghetto*, Payot&Rivages, Parigi 2013.

conto dei nuovi movimenti che attraversano il mondo, spesso legati a loro volta a nuove forme di violenza, di terrore e di guerra. Nel 2001, dopo l'11 settembre, abbiamo capito tutti che, parallelamente al nuovo millennio e alla globalizzazione del terrorismo, stava cominciando una nuova era. All'epoca parlai, nel mio *Diario di guerra*, di una nuova Guerra dei cent'anni, una guerra interna, civile e squisitamente politica, la cui posta in gioco sarebbe consistita nel sapere se l'utopia planetaria fosse realizzabile o se alla lunga e fin negli astri avrebbero avuto la meglio «le ingiunzioni alterne della follia religiosa e della barbarie»[2].

Una quindicina di anni dopo, la questione resta senza risposta.

Marcel Gauchet si è interrogato a lungo sull'avvenire che si affaccia all'orizzonte e sul processo di disincanto del mondo che sarebbe in atto nelle società più avanzate. Da questo punto di vista, il giudeo-cristianesimo gli parve la religione «dell'uscita dalla religione»[3]. Bisogna innanzitutto precisare che, parlando di uscita dalla religione, egli non fa riferimento alla fede degli individui, ma al modello organizzativo della società. La dissociazione dal modello di organizzazione sociopolitica e dal modello religioso

---

2 Marc Augé, *Diario di guerra*, Bollati Boringhieri, Torino 2002, p. 73 (ed. or. *Journal de guerre*, 2002).

3 Marcel Gauchet, *Il disincanto del mondo. Una storia politica della religione*, Einaudi, Torino 1992 (ed. or. *Le Désenchantement du monde. Une histoire politique de la religion*, 1985).

rappresenterebbe l'evento principale per l'Occidente, la cui influenza si è estesa al pianeta nel suo insieme. L'Occidente sarebbe stato portato a promuovere l'idea di individuo grazie all'influenza del cristianesimo; il sentimento religioso è concepito come parte della sfera intima individuale, e la mondializzazione occidentale segnerebbe così una liberazione totale dal modello religioso come modello sociale. Per Marcel Gauchet la moderna rivoluzione del diritto consiste nell'assurgere del diritto originario degli individui a fonte di ogni legittimità: quelli che, dalla fine del diciottesimo secolo, chiamiamo i diritti dell'uomo.

Le analisi di Gauchet, apparse in diversi recenti contributi, mi sembrano sempre più interessanti, perché spiegano molto bene l'attuale fondamentalismo musulmano. L'islam è il più recente dei monoteismi e pretende di comprendere e superare i suoi due predecessori. Allo stesso tempo i paesi musulmani sono stati colonizzati e dominati dall'occidente e questo scarto tra la percezione dell'islam come religione più completa e l'inadeguatezza politica dei paesi in cui è al potere è causa di malcontento e di un virulento antioccidentalismo. Quanto all'estremizzazione dei giovani nati in Europa, essa si spiegherebbe paradossalmente con il loro desiderio di diventare *individui* nel vero senso della parola, desiderio che nel loro caso – data la loro emarginazione – riesce a esprimersi solo nel gesto della conversione al radicalismo islamico. Il fondamentalismo e lo jihadismo sarebbero così, in un certo senso, un segnale paradossale dell'uscita dal religioso.

Quando parlo di fine della preistoria penso evidentemente a un fenomeno abbastanza vicino a quello che Gauchet chiama uscita dalla religione, ossia l'avvento di un mondo planetario in cui la religione non costituirà il fondamento strutturale. Le nostre teorie coincidono nell'identificazione del fenomeno o, più esattamente, nel riconoscere il fatto che i sussulti che scuotono il mondo attuale sono simili a quelli di un parto e possono essere interpretati come il preludio di un doloroso passaggio al livello planetario.

Tuttavia, fare del cristianesimo la religione dell'uscita dalla religione, non significa concedergli un'attenzione eccessiva? Inoltre, non è un po' esagerato nei confronti del giudizio dei paganesimi che hanno preceduto i monoteismi? Si potrebbe ritenere altrettanto fondatamente che le civiltà dell'antica Grecia e dell'antica Roma si stessero indirizzando verso un'organizzazione non religiosa del mondo (Jean-Pierre Vernant fa notare a questo proposito che, quando la religione greca era al suo apice, ormai più nessuno credeva all'effettiva esistenza degli dei; la tragedia greca come finzione mette in scena personaggi fasulli e percepiti come tali[4]). In altri termini, la conversione dell'Europa al cristianesimo, nel

4 Jean-Pierre Vernant, *Mito e religione in Grecia antica*, Donzelli, Roma 2003 (ed. or. *Mythe et religion en Grèce ancienne*, 1990).

corso della tarda antichità, potrebbe apparire come uno spettacolare distacco dall'idea di individuo tratta dal mondo greco-latino e come la deviazione delle istituzioni pagane dalla loro traiettoria attesa.

Gli dei pagani, in generale, servono a spiegare i fatti della vita. Il dolore è il più frequente di questi eventi: morte e malattie richiedono una spiegazione, sono considerate come il segno di un rapporto conflittuale tra uomini che fanno parte della collettività. Gli dei hanno il compito di spiegare i problemi di relazione ai quali corrispondono, nella logica pagana, i segnali di dolore o malessere. Sono preposti agli affari interni, sono strettamente connessi alla natura, delle cui espressioni possono prendere le sembianze (una pianta, una panacea, l'onda del mare o il lampo in cielo). Da qui la loro fragilità come entità autonome: sono l'immagine stessa degli uomini che li adorano, sono molteplici, come molteplice è l'uomo che se ne serve per interpretarli e per tentare di asservirli ai suoi desideri. Hanno un'esistenza fragile e tenace, possono trasformarsi, moltiplicarsi o scomparire. Sono così simili agli elementi naturali che rischiano sempre di sembrarne la mera metafora; caratteristica da cui deriva sicuramente il loro destino letterario, ma anche la possibile transizione che rappresentano verso un mondo senza entità divine di sorta. L'idea secondo cui il cristianesimo sarebbe la religione dell'uscita dalla religione non prende in considerazione il possibile destino dei politeismi cancellati dalla forza e dalla natura individualizzante del cristianesimo.

Il monoteismo cristiano ha una concezione unitaria dell'individuo; lo sottrae alle reti di relazioni che lo determinavano e lo istituisce come entità singola di fronte al dio che l'ha creato, così come ha creato tutti gli uomini. Si definisce quindi la logica iniziale del monoteismo, che è una logica di conquista spirituale (bisogna "convertire" gli infedeli): al contrario dei politeismi, il monoteismo è proselitistico in ragione del suo duplice riferimento a un dio unico e all'unicità dell'uomo. Dal proselitismo allo spirito di conquista il passaggio è breve e spesso è stato travalicato. La crociata e la jihad sono nozioni e realtà strettamente collegate all'esistenza dei monoteismi.

Uscita dalla religione? Forse, ma la profonda relazione stabilita dai monoteismi tra l'individuo e il proprio dio può veramente garantire l'autonomia dell'organizzazione politica? La laicità "alla francese" non resta forse un'eccezione? Il cristianesimo non è forse l'unico monoteismo ad aver realizzato, almeno parzialmente, l'uscita da se stesso?

Quanto alla congiuntura attuale, concordo pienamente con l'analisi dell'islam e dell'adesione allo jihadismo dei giovani nati in Europa proposta da Gauchet; concordo anche con la necessità urgente di una revisione del sistema di istruzione, e credo che questo gigantesco sforzo in campo educativo rappresenti un obiettivo utopistico, necessario ma utopistico, nella misura in cui, per essere pienamente efficace, deve estendersi a tutto il mondo.

Gli odierni movimenti di popolazione sono in atto da parecchio tempo ed evidentemente non sono determinati solo dall'attrazione ambigua che il Nord esercita nei confronti del Sud. Sono causa di tensioni all'interno dell'Africa e dell'America Latina. L'afflusso di rifugiati in Europa, al di là dei suoi aspetti pratici e logistici, comporterà immediatamente dei problemi in materia educativa se non si vogliono ripetere gli errori commessi in Francia negli anni settanta in occasione del ricongiungimento famigliare, quando si è trascurata l'esigenza di adattare la scuola ai nuovi arrivati.

La mondializzazione si realizza con i suoi ritmi e la sua storia è lungi dall'essere giunta a compimento, se mai vi giungerà. Ci pone di fronte alle differenze e alle reali disuguaglianze del mondo, oltre che a notevoli difficoltà di natura istituzionale. La storia ci obbliga a porre nuovamente e pressantemente le imprescindibili questioni di fondo e di forma, le due domande che fino a questo momento avevano invocato solo risposte a lunga scadenza: qual è il fine dell'esistenza umana? Cosa bisogna fare per compierlo?

Per concludere

In questo breve saggio ho cercato di fare un compendio di quel lungo viaggio che è la vita di un ricercatore. Per un antropologo abituato a indagare il presente, il periodo che stiamo vivendo è al contempo impegnativo e appassionante. Assistiamo affascinati e inquieti allo spettacolo dei movimenti di popolazione, delle violenze e delle crisi politiche, che sono la manifestazione del passaggio all'era planetaria. Parallelamente, ci abituiamo imperturbabili a considerare il sistema solare come un ambiente vicino e a porci seriamente il problema di sapere se un giorno ancora lontano una parte dell'umanità non sarà obbligata a costruirvi dei rifugi. Non osiamo ancora immaginare tutte le conseguenze demografiche e sociali del riscaldamento globale e dell'innalzamento del livello degli oceani.

Si possono affrontare questi problemi da un punto di vista politico, cercare responsabilità e rimedi, preoccuparsi, interrogarsi, indignarsi o allarmarsi. Qui ho voluto riprendere alcuni degli elementi raccolti nel corso dei miei lavori per rapportarli a questo nuovo scenario. E per cercare di capire a che punto siamo giunti.

Una delle prime constatazioni è che la situazione coloniale e la situazione "preplanetaria" sono, per molti aspetti, del tutto paragonabili. Anche se i rapporti di dominio tipici della prima non sono totalmente scomparsi dalla seconda, siamo tutti coinvolti, bene o male, nella stessa avventura globale di cui avvertiamo ogni giorno le conseguenze senza necessariamente identificarne con chiarezza né le cause né i responsabili. I primi colonizzati hanno provato questa incertezza, che può condurre a giudizi ambivalenti simili a quelli che oggi abbiamo sulla globalizzazione: è un bene o un male? Dove ci sta portando? Verso un mondo migliore? O più doloroso e ingiusto?

I rapporti di identità/alterità sono contemporaneamente alla base delle relazioni tra individui e di quelle tra entità collettive. La tripla dimensione dell'uomo (individuale, culturale e generale) dimostra che non si può dissociare in maniera radicale la psicologia dalla sociologia: in questo senso, l'antropologia ha un'ambizione totalizzante che la rende particolarmente adatta ad affrontare le situazioni attuali, nelle quali il contesto (individuale o sociale) è, in ultima analisi, sempre planetario.

La questione religiosa, che oggi appare di straordinaria attualità, necessita dell'analisi antropologica – nella misura in cui coinvolge la separazione tra sfera privata e sfera pubblica, ma anche, su un piano specificatamente teorico, lo statuto del pensiero riflessivo, del rapporto del sé con il sé e del sé con l'altro.

La vertigine che può coglierci davanti alle prospettive che si aprono di fronte a noi (intesi come esseri umani) pone la questione dei fini: per cosa viviamo? È una domanda di una semplicità disarmante, che ciascuno di noi si trova ad affrontare, ma non bisogna lasciarsi disarmare. L'antropologia applicata si ricongiunge a quella teorica quando fa della questione dell'istruzione il punto centrale verso cui convergono tutti gli interrogativi sollevati dall'approccio antropologico: se io è un altro, anche l'altro è un io. Solo un'istruzione generalizzata può rendere questa duplice equazione evidente agli occhi di tutti, bilanciando gli egocentrismi, gli etnocentrismi e tutte le forme di proselitismo. L'utopia dell'educazione rimarrà un ideale – e certamente è giusto che sia così, affinché resti chiaramente indicata la direzione da seguire – ma essa ha trovato il suo luogo: l'intero pianeta. Gli antropologi di domani, nell'uscire dalla preistoria, avranno cura di identificarne, se non addirittura fortificarne, i punti critici, in una società che starà diventando effettivamente planetaria.

Il dramma dell'epoca contemporanea, che è anche una speranza, sta nel fatto che l'umanità è messa fin d'ora di fronte alla necessità di realizzare l'utopia, se vuole scongiurare la duplice minaccia che incombe su di lei: quella di una crescente disuguaglianza tra gli individui e quella di una dissoluzione generale nell'universo mediatico o, detto più brutalmente, la duplice minaccia dell'esclusione di alcuni e dell'alienazione di tutti. La realizzazione dell'utopia indica una direzione e implica un percorso.

La direzione è chiara, anche se il punto di arrivo rimane lontano. Il percorso invece, contemporaneamente critico e prospettico, è già intrapreso: può restituire la sua patente di nobiltà alla nozione di azione o, se si preferisce, di impegno, l'unica in grado di dare corpo all'utopia. L'antropologia applicata avrà per scopo principale di far capire a tutti come le apparenti contraddizioni siano superabili a condizione di portarle fino in fondo. In tal senso, il rispetto delle differenze non può fermarsi alla frontiera tra le culture; perché ciascun individuo ha diritto al rispetto della propria diversità, indipendentemente dal suo genere e dalla sua nascita. Tale diritto dovrà essere reso ancora più evidente dalla planetarizzazione, che conferirà alla nozione di frontiera il suo vero significato: luogo di passaggio dell'uno verso l'altro e viceversa.

Nell'assegnare una missione pedagogica, di formazione intellettuale e morale all'antropologia, sono cosciente di pretendere molto e di uscire dall'ambito di normale competenza di una disciplina afferente alle scienze umane e sociali. Tuttavia le società umane, che sono l'oggetto dell'osservazione degli antropologi, sono anch'esse in movimento e stanno abbattendo le frontiere che servivano loro come riferimento e limite geografico, intellettuale e morale – è questo il senso ultimo di ciò che chiamiamo *globalizzazione*. Accompagnare questa tendenza ricordando a tutti – in particolare a coloro che sono nati, crescono e cresceranno in questo mondo nuovo – quelli che sono i fondamenti simbolici dell'esistenza umana, irriducibilmente e solidalmente individuale e sociale, mi pare oggi, e per molto tempo a venire, un compito essenziale.

Per concludere, prenderò in prestito da Sartre la formula con cui tentava di definire lo spirito dell'esistenzialismo, dal momento che questa si sforza di sottolineare la convergenza delle domande poste dalle differenti culture del mondo senza prendere le distanze da nessuna delle loro risposte, perché mette in evidenza le tensioni tra gli imperativi del senso sociale e l'esigenza di libertà degli individui, perché concepisce le frontiere culturali e quelle fra individui come varchi e non come barriere, perché obbedisce alla sua duplice vocazione di disciplina fondamentale e applicata, impegnata nella storia del mondo: l'antropologia è un umanismo[1].

---

1 Jean-Paul Sartre, *L'esistenzialismo è un umanismo*, Mursia, Milano 1978 (ed. or. *L'existentialisme est un humanisme*, 1946).

Finito di stampare nel mese di marzo 2017
per conto di Codice edizioni srl, Torino
da Stampatre, Torino